MARIE-AUDE MURAIL

# SIMPEL

*Liebe Schülerin, lieber Schüler,*

wie du auf dem Foto sehen kannst, haben die Schülerinnen und Schüler Freude beim Lesen und Bearbeiten des Romans *Simpel* von Marie-Aude Murail. Dieses Schülerarbeitsheft soll dir helfen, den Spaß am Lesen mit ihnen zu teilen.

Es enthält Aufgaben, die es dir erleichtern, der Handlung zu folgen und dir den Inhalt zu erschließen. Aber vor allem bekommst du Arbeitsaufträge, die die Hauptfigur des Romans, den liebenswerten Simpel, herausstellen, sein Chaos und seine direkte kindliche Ausdrucksweise.

Du wirst erkennen, welchen Einfluss dieser geistig behinderte junge Mann auf die Menschen in seiner Umgebung hat, wenn sie sich auf ihn einlassen.

Du kannst dich über die durch ihn entstandenen Verwirrungen amüsieren, aber auch seine Ängste und Frustrationen mitfühlen.

*In diesem Sinne wünsche ich dir viel Freude mit Buch und Arbeitsheft,*

Elinor Matt

Schülerarbeitsheft

Krapp & Gutknecht

Inhalt ... 3
Simpels Weg ... 15
Simpel und Monsieur Hasehase ... 16
Simpel und Colbert ... 22
Simpels „Familien“ ... 28
Sprache und Stil ... 40
Interpretation ... 45
Kritik ... 50

AUFGABENWERKSTATT **Aufgabengruppen**

I: Inhalt ... 53
II: Simpels Weg ... 53
III: Simpel und Monsieur Hasehase ... 54
IV: Simpel und Colbert ... 54
V: Simpels „Familien“ ... 55
VI: Sprache und Stil ... 55

*Die Regeln zum richtigen Zitieren findest du hinten im Umschlag.*

Die Seitenangaben beziehen sich auf die Taschenbuchausgabe Marie-Aude Murail, *Simpel*, S. Fischer Verlag GmbH, Frankfurt am Main 2007.

© Fischer Verlag

**Vorschlag: Kopieren und folieren – hilft beim Auffinden von Textstellen!**

**Zeilen-Anzeiger**

Marie-Aude Murail, *Simpel*, S. Fischer Verlag, Taschenbuchausgabe

27 26 25 24 23 22 21 20 19 18 17 16 15 14 13 12 11 10 9 8 7 6 5 4 3 2 1

 

Lies den Roman *Simpel* von Marie-Aude Murail kapitelweise und löse nach jedem Kapitel die zugehörigen Aufgaben. Prüfe mithilfe der Lösungsblätter* deine Ergebnisse nach und korrigiere sie gegebenenfalls. Du kannst diese Aufgaben auch mithilfe des Hörbuchs erledigen.

# 1. In dem Monsieur Hasehase das Telefon kaputt haut

## Kapitel 1 (Seite 9–37)

**Aufgabe 1**

Vervollständige mithilfe des Wörterkastens den Lückentext.

Der 17-jährige ____________ Maluri will seinen geistig behinderten älteren Bruder Barnabé, genannt ____________, gegen die Überzeugung seines Vaters aus dem Heim Malicroix holen. Colbert weiß, dass sein Bruder sich in diesem ____________ nicht wohlfühlt und will deshalb mit ihm ____________. Er ist sich bewusst: Das Leben mit Simpel wird nicht leicht werden. Colbert muss die ____________ in der Schule besuchen und seinen Bruder zeitweise ____________ lassen.

Simpel fällt durch sein kindliches ____________ überall auf. Er spricht alle seine Beobachtungen, Gedanken und Gefühle unmittelbar aus, ohne Rücksicht auf mögliche Reaktionen. Hinzu kommt, dass er ständig sein Stofftier ____________ mit sich schleppt und mit ihm spricht und spielt und meistens ein ziemliches ____________ veranstaltet.

So wird die Suche nach einer Bleibe für die Brüder zum ____________. Als Colbert sich zunächst allein auf den Weg macht, ____________ sein Plan, Simpel durch ____________ zu überwachen und endet mit einem ____________ Handy. Als er seinen Bruder mit zur Wohnungsbesichtigung nimmt, kommt der ____________ nicht zustande.

Problem – Abschlussklasse – Colbert – Kontrollanrufe – Simpel – scheitert – Mietvertrag – Heim – allein – zerstörten – Chaos – Verhalten – Monsieur Hasehase – zusammenziehen

* Die Lösungsblätter kannst du dir bei deiner Lehrerin/deinem Lehrer holen.

## 2. In dem Monsieur Hasehase einen nicht besonders tollen Bau findet

### Kapitel 2 (Seite 39–60)

**➲ Aufgabe 2**

Vervollständige mithilfe des Wörterkastens den Lückentext.
Achtung: Zwei Wörter musst du verändern, damit sie im passenden Kasus (Fall) stehen.

Im 2. Kapitel wird die ______________ der Studenten vorgestellt, bei der Colbert wegen der beiden ______________ Zimmer angerufen hat: das ______________ Aria und Emmanuel, beide Medizinstudenten, Arias Bruder Corentin und dessen ______________ Enzo, der unglücklich in Aria ______________ ist.

Colbert ist vor der Wohnungsbesichtigung sehr ______________ und versucht Simpel klarzumachen, dass er wieder nach ______________ müsse, wenn er sich nicht ______________ benähme und der ______________ scheitere. Trotz des ______________ nimmt Simpel ______________ seinen Monsieur Hasehase mit.

Im ersten Gespräch mit den Studenten geht es vor allem um die ______________ Simpels und den ______________ mit ihm. Die Wohngemeinschaft entschließt sich nach kurzem Zögern, Colbert und seinen behinderten Bruder als neue Mieter zu ______________. Schon beim ______________ zeigt sich, dass das ______________ mit Simpel nicht ohne ______________ bleiben wird.

akzeptieren – Malicroix – Wohngemeinschaft – Paar – Einzug – Behinderung – nervös – frei – Probleme – Verbot – anständig – Umgang – Freund – Zusammenleben – verliebt – heimlich – Umzug

# 3. In dem Monsieur Hasehase will, dass jeder einen Schwanz hat

## Kapitel 3 (Seite 61–78)

**➲ Aufgabe 3**

Vervollständige den Lückentext.

Simpel ergreift die ____________, die neue Wohnung genauer anzusehen, als er frühmorgens als Erster auf den Beinen ist. Er probiert vom übrig gebliebenen Salzgebäck, trinkt vom Whisky und lässt fasziniert ein herumliegendes ____________ mitgehen. Aber die sensationellste ____________ macht er, als er Aria im Bad sieht und feststellt, dass sie ____________ „Schwanz“ hat.

Ein Zusammentreffen mit Emmanuel und Aria in der Küche macht die ____________ Haltungen der beiden Medizinstudenten Simpel gegenüber deutlich: Emmanuel zieht sich zurück, Aria lässt sich auf ein ____________ mit dem neuen Mitbewohner ein.

Enzo, der heimlich an einem ____________ schreibt, um seine Liebe zu Aria zu verarbeiten, ist von Simpel genervt und fordert, dass sich Colbert selbst um seinen Bruder kümmern solle. Colbert nimmt Simpel mit zum Einkaufen.

Im ____________ zeigt sich, wie sehr Simpel von der Entdeckung im Badezimmer beeindruckt ist. Sein ____________ an der ____________ nimmt zu. Er besteht darauf, ein Buch mit dem Titel *Mein Häschen ist verliebt* für Monsieur Hasehase mitzunehmen.

## 4. In dem Monsieur Hasehase in die Kirche geht und vergisst, nach Hause zu kommen

**Kapitel 4 (Seite 79–96)**

➲ **Aufgabe 4**

Verbinde die zusammengehörenden Teilsätze durch Linien.

| | |
|---|---|
| Am Sonntag gehen Colbert und Simpel in die Kirche, | und bemerken erst abends, dass Simpel Monsieur Hasehase in der Kirche vergessen hat. |
| Als es Simpel zu langweilig wird, wandert er herum | als Monsieur Hasehase plötzlich vor der Tür liegt. |
| Nach der Kirche machen sie eine Bootsfahrt und essen Eis | zwei Mädchen zu bemerken, die ihn interessieren. |
| Colbert kann seinen Bruder nicht trösten und beide sind erst wieder glücklich, | und bekommt dadurch neue Anregungen für seinen Roman. |
| An Colberts erstem Schultag kümmert sich Enzo um Simpel | wo sie auch das Ehepaar Gottlieb antreffen. |
| In der Schule denkt Colbert mit Sorge an Simpel, was ihn jedoch nicht hindert, | und versteckt sich mit Monsieur Hasehase im Beichtstuhl. |

## 5. In dem Monsieur Hasehase zu viel feiert und auf dem OP-Tisch endet

### Kapitel 5 (Seite 97–115)

**➲ Aufgabe 5**

Vervollständige die folgenden Sätze dem Inhalt des Kapitels entsprechend.

Corentin und Enzo planen die Fete zu Corentins Geburtstag

und bitten Colbert, ______________________________

______________________________.

Simpel beobachtet interessiert die Vorbereitungen und ist sehr

gekränkt, weil ______________________________

______________________________.

Das Märchen vom *Aschenputtel* fällt ihm ein und bringt ihn auf die Idee, ______________________________

______________________________.

Sein Auftritt erregt Aufsehen bei den Feiernden und Enzo bietet an, ______________________________

______________________________.

Er lässt seinen Schützling zu viel Bowle trinken, sodass dieser in seinem betrunkenen Zustand ______________

______________________________.

Entsetzt begreift Simpel, was er getan hat und beruhigt sich erst, als ______________________________

______________________________.

Als Aria sich anschließend um Simpel kümmert, nimmt sie ihn zum ersten Mal richtig wahr, streichelt ihn und

______________________________.

## 6. In dem Monsieur Hasehase Liebe macht und Krieg führt

### Kapitel 6 (Seite 117–135)

**➲ Aufgabe 6**

Fasse mithilfe der folgenden Stichwörter den Inhalt des Kapitels zusammen.

**Zigarette**

**Übelkeit**

**Colberts Hilfe**

**Streit mit Emmanuel**

**Koffer packen**

**Enzos Vermittlung**

**Simpels Krankheit**

**Fieberhalluzinationen**

**Zweiter Kuss**

**Monsieur Hasehase und Madame Hasehase**

**Simpels Diebstahl**

**Entdeckung**

**Monsieur Gottlieb**

**Bezahlung**

## 7. In dem Monsieur Hasehase knapp den Haien entkommt

### Kapitel 7 (Seite 137–154)

**➲ Aufgabe 7**

Schreibe zu jeder der folgenden Überschriften ein bis zwei Sätze, die den Inhalt wiedergeben.

**Colbert und Béatrice**

**Trost bei Simpel**

**Monsieur Gottliebs Ratschläge**

**Enzos Liebeserklärung und ihre Folgen**

**Simpel und Corentin**

**Im Schwimmbad**

**Frust nach dem Schwimmbadbesuch**

## 8. In dem Monsieur Hasehase Zahra die rosa Rosen schenkt

### Kapitel 8 (Seite 155–171)

**Aufgabe 8**

In der folgenden Inhaltsangabe stehen zehn Wörter nicht an der richtigen Stelle. Korrigiere diese Fehler. Streiche dazu jeweils das falsche Wort durch und schreibe das richtige darüber.

Zahra ist in Simpel verliebt, weiß aber nicht, wie sie es ihm sagen soll. Sie bespricht das Problem mit ihren jüngeren Schwestern und lässt sich von ihnen beraten und verschönern, bevor sie dem erkrankten Colbert die Rosen bringt. Sie wird nicht zu dem Kranken gelassen und übergibt das Bild Colbert, der es vermalt. Darüber gerät Colbert so in Wut, dass er seinem Bruder in einem Telefongespräch seine Schwierigkeiten mit dem behinderten Vater zugibt. Der Vater bietet lediglich an, das Jugendamt zu informieren.

Um Zahra versöhnlich zu stimmen, soll sie Hausaufgaben und ein von Simpel gemaltes Heft bekommen. Zahra und ihre Schwestern schmieden einen Plan, wie Zahra zu Colbert ins Gekritzel gelangen und ihn faszinieren könne. Der erste Teil des Plans gelingt, Zahra hat aber nicht die gewünschte Wirkung auf Colbert, dem der Besuch peinlich ist.

Nach anfänglicher Verärgerung verzeiht Zahra das Zimmer in ihrem Heft und verlässt den hustenden Kranken.

Colbert bleibt beschämt und unzufrieden zurück.

# 9. In dem Monsieur Hasehase die Bekanntschaft mit Madame Ugendamm macht

## Kapitel 9 (Seite 173–194)

**Aufgabe 9**

In der folgenden Inhaltsangabe fehlt der Anfang. Lies dazu S. 173–175.
Fasse das Wesentliche zusammen und schreibe es auf die Linien.

Als Madame Bardoux vom Jugendamt, die Monsieur Maluri sprechen möchte, erscheint, stellt sich Simpel als Monsieur Mutchbinguen vor und es kommt zu einem Missverständnis. In dem Glauben, dass der Behinderte Corentin heißt, verlässt sie die Wohnung wieder, nachdem sie „Monsieur Mutchbinguen" ihre Telefonnummer gegeben und um einen Anruf von Monsieur Maluri gebeten hat.
Ein weiteres Missverständnis entsteht durch den Anruf von Arias und Corentins Eltern, die einen Besuch ankündigen wollen. Simpel nimmt diesen Anruf entgegen, gerät in Verwirrung und verärgert mit seiner Reaktion die Eltern. Nach der Rückkehr der WG-Bewohner zeigen sich die Folgen von Simpels Aktionen. Colbert erhält von Simpel die Telefonnummer von Madam Bardoux mit der Information, dass sie von einer Madame Ugendamm stamme, die einen Monsieur Mutchbinguen besucht habe. Er macht sich auf die Suche nach diesem Herrn. Corentin ist durch die Verhaltensweise seiner Eltern bei ihrem zweiten Anruf beunruhigt, die Eltern machen sich Sorgen über den Zustand ihres Sohnes. Enzo, der auf Monsieur Gottliebs Rat Aria eifersüchtig machen will, missbraucht einen Anruf von Madame Bardoux, indem er vorgibt, mit einem befreundeten Mädchen zu sprechen. Damit stiftet er weitere Verwirrung. Colbert findet schließlich heraus, dass die Telefonnummer zu einer Mitarbeiterin des Jugendamtes gehört, die ihn sprechen will.

# 10. In dem Monsieur Hasehase sich super mit dem kleinen tauben Mädchen versteht

## Kapitel 10 (Seite 195–212)

➲ **Aufgabe 10**

In der folgenden Inhaltsangabe fehlt ein Teil. Lies dazu ab S. 199, Z. 6: „Er blieb mitten im Wohnzimmer stehen, [....]", bis S. 202, Z. 16/17: „Er war es, der Damen hatte spielen wollen."
Fasse das Wesentliche zusammen und schreibe es auf die Linien.

Der in der Liebe unerfahrene Colbert hat nur Béatrice und sein Verhalten ihr gegenüber im Kopf. Um Zeit für ein ungestörtes Treffen mit ihr zu haben, bringt er Simpel zu Zahra und ihrer Familie, die den behinderten Jungen mit offenen Armen aufnehmen. Simpel möchte zunächst nicht bei den Mädchen bleiben.

Colbert besucht in der Zwischenzeit Béatrice, die ihn mit auf ihr Zimmer nimmt. Er macht ihr eine unbeholfene Liebeserklärung und küsst sie. Von seiner gelungenen Annäherung erschöpft, aber nicht unzufrieden, verlässt er die Wohnung, um Simpel abzuholen.
In der WG erscheinen währenddessen die Eltern von Aria und Corentin und führen zunächst ein Gespräch mit Aria über das merkwürdige Verhalten ihres Bruders. Um die Verwirrung noch zu steigern, stattet Madame Bardoux der Wohngemeinschaft einen weiteren Besuch ab, um Corentin ins Heim einzuweisen. Erst als Simpel und sein Bruder nach Hause kommen, kann Colbert die Missverständnisse auflösen und einen Termin mit der Dame vom Jugendamt vereinbaren.

# 11. In dem Monsieur Hasehase sich wieder auf den Weg nach Malicroix macht

## Kapitel 11 (Seite 213–241)

**➲ Aufgabe 11**

In der folgenden Inhaltsangabe fehlt der Schluss. Lies dazu S. 239, ab der 4. Zeile bis S. 241.
Fasse das Wesentliche zusammen und schreibe es auf die Linien.

Weil Colbert von dem anstrengenden Leben mit seinem Bruder erschöpft ist, erklärt er sich nach Absprache mit Madame Bardoux und seinem Vater dazu bereit, Simpel die Woche über in Malicroix unterzubringen. In der Wohngemeinschaft ist man über diese Entscheidung geteilter Meinung. Colbert leidet unter der Vorstellung, seinen Bruder in das verhasste Heim zu geben, besonders als er Simpels Entsetzen darüber sieht.
Nach Simpels Abfahrt ist die Stimmung in der WG verändert. Colbert hat wachsende Angst, seinem Bruder am Wochenende zu begegnen und bittet Zahra, ihn zu begleiten, wenn er Simpel abholt. Beide finden den behinderten Jungen traurig vor. Zahra und die WG-Bewohner, außer Emmanuel, überlegen, wie sie es organisieren könnten, dass Simpel nicht wieder nach Malicroix muss. Aria scheint sich langsam von Emmanuel zurückzuziehen.
Am Wochenende verbringt Simpel erneut einen glücklichen Nachmittag in Zahras Familie, während Colbert mit Béatrice keine Fortschritte macht.

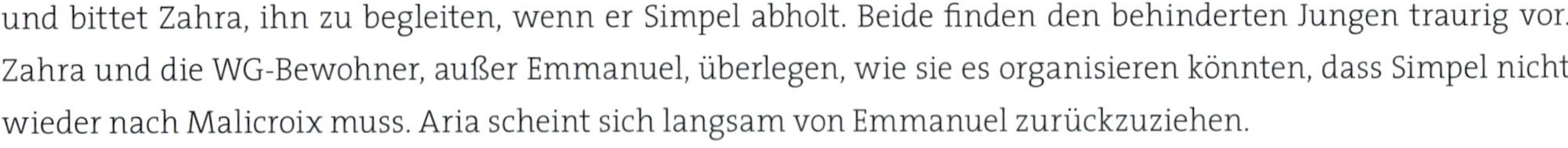

## 12. In dem Monsieur Hasehase das Weite sucht

### Kapitel 12 (Seite 243–265)

➲ **Aufgabe 12**

Beantworte folgende Fragen:

| |
|---|
| 1. Wie fühlt sich Simpel, als er nach Malicroix zurückgekehrt ist? |
| 2. Welchen Plan hat er? |
| 3. Welche Hilfe bekommt Simpel für seine Flucht? |
| 4. Wie gelingt es ihm, aus dem Heim herauszukommen? |
| 5. Was erlebt Simpel in der Kunstgalerie? |
| 6. Wie kommt er nach Paris? |
| 7. An wen wendet sich Simpel nach seiner Ankunft in Paris? |
| 8. Wie verhalten sich diese Personen und wie entkommt Simpel ihnen? |
| 9. Was erlebt er im Restaurant? |
| 10. Wie fühlt sich Simpel nach allen diesen Erlebnissen? |
| 11. Wie gelangt er wieder in die WG? |

## 13. In dem Monsieur Hasehase stirbt

### Kapitel 13 (Seite 267–295)

➲ **Aufgabe 13**

Schreibe eine Inhaltsangabe des letzten Kapitels. Berücksichtige für deine Inhaltsangabe folgende Punkte:

- **Simpels Halluzinationen**
- **Corentin und Simpel**
- **Gespräch zwischen Colbert und Madame Bardoux**
- **Zahras Geburtstagsnachfeier**
- **Colbert in der Kirche**
- **Colbert und Zahra**
- **Béatrice' Rache**
- **Enzo und Aria**
- **Simpel und Monsieur Hasehase**

Hake die passende Aussage ab.

## Inhalt – Checkliste

| | Mit dieser Aufgabe habe ich keine Probleme. | Mit dieser Aufgabe habe ich wenig Probleme. | Mit dieser Aufgabe habe ich noch große Probleme. |
|---|---|---|---|
| Ich kann einen Lückentext dem Inhalt entsprechend vervollständigen. | | | |
| Ich kann Teilsätze dem Inhalt entsprechend zusammensetzen. | | | |
| Ich kann Sätze dem Inhalt entsprechend vervollständigen. | | | |
| Ich kann mithilfe von Stichwörtern eine Inhaltsangabe schreiben. | | | |
| Ich kann zu Überschriften den Inhalt von Abschnitten zusammenfassen. | | | |
| Ich kann Fehler in Inhaltsangaben korrigieren. | | | |
| Ich kann fehlende Stellen in Inhaltsangaben ergänzen. | | | |
| Ich kann Fragen zum Inhalt eines Textes beantworten. | | | |
| Ich kann ohne Hilfe eine Inhaltsangabe schreiben. | | | |
| Ich kann Überschriften in die richtige Reihenfolge bringen. | | | |
| Ich kann Inhalte mündlich wiedergeben. | | | |

# Simpels Weg

**➲ Aufgabe**

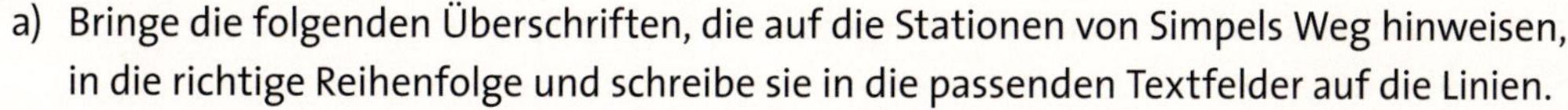

a) Bringe die folgenden Überschriften, die auf die Stationen von Simpels Weg hinweisen, in die richtige Reihenfolge und schreibe sie in die passenden Textfelder auf die Linien.

Wieder in Malicroix – Wohnungssuche – Probleme mit dem Zusammenleben – Aufbruch aus Malicroix – Noch mehr Probleme – Heimkehr – Beginn des Zusammenlebens – Flucht

b) Nimm dir deine bearbeiteten und korrigierten Aufgaben zum Inhalt und suche für alle Stationen jeweils fünf Angaben heraus, die wesentlich sind. Schreibe sie in die entsprechenden Textfelder.

c) Halte mithilfe der ausgefüllten Textfelder einen Vortrag über Simpels Weg.

# Simpel und Monsieur Hasehase

**Aufgabe 1** Monsieur Hasehase ist für Simpel sehr wichtig. Dafür gibt es Hinweise im Text, die in den Sprechblasen stehen. Erkläre, warum diese Textstellen auf die Bedeutung von Monsieur Hasehase hinweisen. Schreibe deine Ergebnisse in die entsprechenden Kästchen.

„Simpel saß im Schneidersitz auf dem Bett und hielt etwas hinter seinem Rücken versteckt. Verheißungsvoll wiederholte er: »Kuckuck!« Hinter seiner Schulter erschienen zwei schlaffe, braune Stoffohren.“ (S. 16, Z. 26 – S. 17, Z. 3)

„»Das ist nicht Hasehase. Das ist *Monsieur* Hasehase.«“ (S. 34, Z. 24 f.)

„Als sie aufbrachen, suchte er [Colbert] jedoch sein neues Handy, und Simpel nutzte die Gelegenheit, um Monsieur Hasehase in seine Tasche zu stopfen.“ (S. 45, Z. 27 – S. 46, Z. 3)

„»Ich bin nicht ganz allein!« Er wedelte mit seinem Hasen.“ (S. 53, Z. 26 f.)

„Tränen rannen Simpel aus den Augen und über die Wangen. »Ich will, dass er nach Hause kommt.«“ (S. 85, Z. 1–3)

„»Kannst du was anderes malen als einen Hasen?«, bat ihn sein Bruder nach dem zwölften Porträt. Simpel schüttelte den Kopf. »Ich kann nur Monsieur Hasehase.«“ (S. 165, Z. 23–27)

## Aufgabe 2

Wie kleine Kinder mit ihren Lieblingsstofftieren leben auch Simpel und Monsieur Hasehase in ihrer eigenen Welt, in die sie sich zurückziehen können. In dieser Welt spielt Monsieur Hasehase unterschiedliche Rollen für Simpel: Er ist sein Spielgefährte, sein Gesprächspartner und sein Begleiter bei jeder Unternehmung.

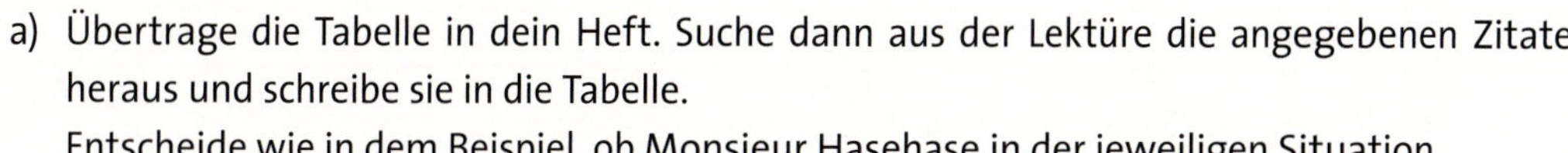

a) Übertrage die Tabelle in dein Heft. Suche dann aus der Lektüre die angegebenen Zitate heraus und schreibe sie in die Tabelle.
Entscheide wie in dem Beispiel, ob Monsieur Hasehase in der jeweiligen Situation (S) Spielgefährte, (G) Gesprächspartner oder (B) Begleiter für Simpel ist.

| Stelle | |
|---|---|
| S. 19, Z. 15–18: | |
| S. 23, Z. 1–5: | |
| S. 55, Z. 9–15:<br>„»Das ist nicht toll.« Er kam wieder heraus: »Sind nicht mal Stühle drin.«<br>»Ja, aber es ist ruhig gelegen, Nord, Süd, Südwest«, leierte Simpel herunter […].“ | G |
| S. 64, Z. 24–27: | |
| S. 173, Z. 20–22: | |
| S. 243, Z. 26 – S. 244, Z. 3: | |
| S. 23, Z. 15 f.: | |
| S. 36, Z. 25–27: | |
| S. 62, Z. 1–3: | |
| S. 141, Z. 23–27: | |
| S. 174, Z. 6–10: | |
| S. 253, Z. 13–16: | |

b) Fasse die Informationen über die Rollen des Monsieur Hasehase in einem Text zusammen.
Berücksichtige dabei folgende Punkte:

- Um welche Spiele handelt es sich?
- Worüber sprechen Simpel und Monsieur Hasehase?
- Bei welchen Unternehmungen ist Monsieur Hasehase der Begleiter?

# Simpel und Monsieur Hasehase

➲ **Aufgabe 3**

Monsieur Hasehase zeigt uns, wie Simpel sich in den verschiedenen Situationen fühlt und was ihn beschäftigt.

a) Beschreibe die Gefühle, die durch die Bilder ausgedrückt werden. Schreibe deine Ergebnisse in die entsprechenden Felder.

b) Suche für jedes Bild eine passende Textstelle und unterstreiche sie in deinem Buch.

c) Suche dir ein Bild aus, das ein Gefühl ausdrückt, das du kennst und beschreibe dazu eine passende Situation.

**Aufgabe 4**

Im Verlauf der Handlung verändert sich der Umgang Simpels mit Monsieur Hasehase.

a) Sieh dir die Textstellen an und vervollständige anschließend den darunterstehenden Satz.

Auf die Frage Colberts, ob er ihn allein lassen kann:
„»Ich bin nicht ganz allein!«" (S. 53, Z. 26)

Mit Monsieur Hasehase zusammen ______________________________

______________________________.

Als Monsieur Hasehase in der Kirche vergessen worden ist:
„Tränen rannen Simpel aus den Augen und über die Wangen. »Ich will, dass er nach Hause kommt.«" (S. 85, Z. 1–3)

Simpel kann es nicht aushalten, wenn ______________________________

______________________________.

Auf der Flucht mit Monsieur Hasehase:
„Als er mitten in der Nacht mitten in der Stadt stand, packte ihn das Gefühl, klein und allein zu sein." (S. 250, Z. 15–17)

Obwohl Monsieur Hasehase ihn begleitet, ______________________________

______________________________.

Nach dem Rausschmiss aus dem Restaurant:
„Simpel schnappte sich Monsieur Hasehase und rannte zum Ausgang. Mitten in der Nacht kam die Wahrheit an den Tag: Nicht Hasen mochten die Leute nicht. Ihn mochten sie nicht." (S. 254, Z. 9–12)

Simpel erkennt den Unterschied zwischen ______________________________

______________________________.

Als Monsieur Hasehase gesäubert werden muss:
„Jeder machte sich an die Arbeit. Die kleine Jacke und die kleine Hose wurden gewaschen, Monsieur Hasehase wurde shamponiert, Monsieur Hasehase wurde parfümiert. Aria nähte ein paar Stellen. Simpel kümmerte sich um nichts und sah mit wichtiger Miene auf seine Uhr." (S. 293, Z. 7–12)

Im Gegensatz zu seinem früheren Verhalten ______________________________

______________________________.

Im Gespräch über den Tod zu Monsieur Hasehase:
„»Sag, bist du eines Tages tot?«
»Nein«, antwortete Monsieur Hasehase, »das muss nicht unbedingt sein.«" (S. 295, Z. 26 f.)

Simpel hat den Mut, ______________________________

______________________________.

b) Wähle das Schaubild aus, das deiner Meinung nach die Veränderung von Simpels Umgang mit Monsieur Hasehase am besten darstellt und begründe deine Wahl.

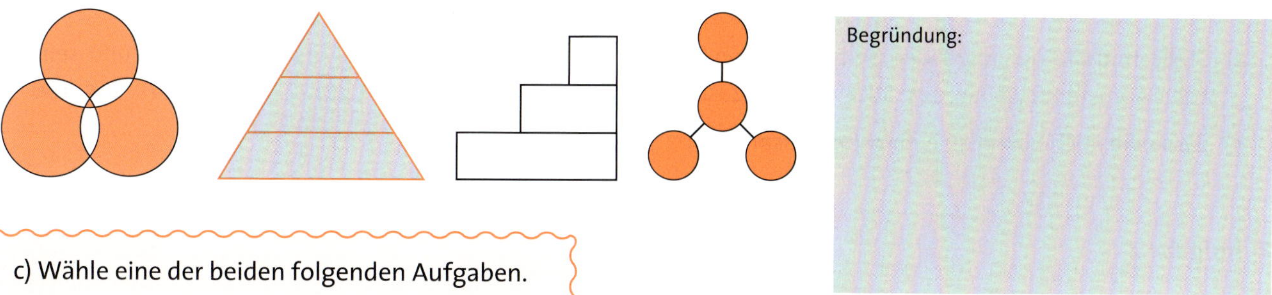


c) Wähle eine der beiden folgenden Aufgaben.

„»Nein«, antwortete Monsieur Hasehase, »das muss nicht unbedingt sein.«" (S. 295, Z. 26 f.)

Simpel versteht nicht, was Monsieur Hasehase mit dieser Antwort meint.
Kreuze die deiner Meinung nach beste Erklärung an und begründe deine Entscheidung.

- Simpel ist zwar erwachsener geworden, aber er braucht Monsieur Hasehase immer noch.
- Simpel hat jetzt Freunde gefunden, aber Monsieur Hasehase wird immer sein Begleiter bleiben.
- Simpel wird sich immer an Monsieur Hasehase erinnern.
- Simpel wird sich nie so weit entwickeln, dass er seine und Monsieur Hasehases Welt ganz verlassen wird.
- Es ist möglich, dass Monsieur Hasehase immer Simpels Begleiter bleiben wird, auch wenn sich der Umgang mit ihm weiter verändert.

Enzo stellt fest, dass sich Simpel mehr für seine Uhr interessiert als für Monsieur Hasehase, und Aria meint, Simpel würde nie mehr behaupten, dass der Hase lebendig sei (S. 294).
Haben sie recht? Wähle eine der drei Waagen und begründe deine Wahl.

# Simpel und Colbert

**➲ Aufgabe 1**

a) Stelle mithilfe der folgenden Seitenangaben, die Informationen über Colberts Erscheinungsbild und seine Lebensumstände geben, eine Stichwortliste zusammen: Seiten 10, 13, 16, 18, 19, 20, 21, 28, 47, 48, 79, 164, 196.

b) Fasse die Stichwörter zu einem Text zusammen.

**➲ Aufgabe 2**

a) Kreuze die Eigenschaften an, die deiner Meinung nach auf Colbert am besten zutreffen.

b) Schreibe für jede zutreffende Eigenschaft einen Textbeleg in die entsprechende Spalte der Tabelle. Die Seitenangaben können dir helfen.

| Eigenschaft | ☒ | Textbeleg |
|---|---|---|
| ehrgeizig | ☐ | S. 20 |
| idealistisch | ☐ | S. 269 |
| egoistisch | ☐ | S. 197 |
| unreif | ☐ | S. 271 |
| verantwortungs-bewusst | ☐ | S. 269 |
| rücksichtslos | ☐ | S. 240 |
| mitfühlend | ☐ | S. 37, S. 269 |
| aufopfernd | ☐ | S. 214 |
| unerfahren | ☐ | S. 195 |

**➲ Aufgabe 3**

Colbert hat seinem Bruder gegenüber eine verantwortungsvolle Aufgabe übernommen, weil er zu ihm steht. Gleichzeitig muss er für sich selbst sorgen und seinen Schulabschluss schaffen. Daher ist es verständlich, dass seine Gefühle dem Bruder gegenüber unterschiedlich sind. Erschließe aus den Textstellen diese Gefühle und schreibe deine Ergebnisse auf die entsprechenden Linien.

„Sein Bruder hatte ihn schon wieder durcheinandergebracht." (S. 16, Z. 19 f.)

______________________________

„Colbert betrachtete einen Moment seinen Bruder [...]. »Du bringst die Epochen durcheinander«, sagte er missmutig." (S. 101, Z. 26 – S. 102, Z. 6)

______________________________

„Colbert betrachtete das Stofftier länger. Eines Tages würde es in Fetzen zerfallen. Bei dem Gedanken wurde ihm schwer ums Herz." (S. 37, Z. 23 f.)

______________________________

„»Du bist wirklich unausstehlich! Unausstehlich! Ich werd dich in einem Wald verlieren, ich halte dich nicht mehr aus!«" (S. 120, Z. 12–15)

______________________________

„»Entweder verhältst du dich ruhig, oder ich schicke dich nach Malicroix zurück!«" (S. 46, Z. 15–17)

______________________________

„»Habt ihr Simpel noch nie Malicroix spielen hören? Der Ort ist schrecklich für ihn!« Colbert verbarg das Gesicht in den Händen." (S. 217, Z. 16–18)

______________________________

„Simpel wurde bleich, und Colbert bekam augenblicklich Gewissensbisse." (S. 46, Z. 18 f.)

______________________________

„»Er hat geschrien, hat um sich geschlagen und versucht, abzuhauen. [...]« Colbert konnte es nicht ertragen, noch mehr zu hören." (S. 227, Z. 2–7)

______________________________

„Tatsächlich schien Colbert sehr unzufrieden, als sein Bruder zurückkam und sich wieder neben ihn setzte. »Hau doch nicht einfach so ab!«" (S. 82, Z. 8–11)

______________________________

„»Ich hab Angst, da alleine hinzugehen.«" (S. 228, Z. 7)

______________________________

**➲ Aufgabe 4**

Colbert hat großes Interesse an zwei Mitschülerinnen, das er ebenfalls mit seiner Verantwortung für Simpel vereinbaren muss. Er kann sich zuerst nicht entscheiden zwischen den beiden sehr unterschiedlichen Mädchen, die verschiedene Gefühle in ihm ansprechen.

a) Sieh dir die Textstellen auf den angegebenen Seiten an, die Informationen über die beiden Mädchen geben. Fasse diese Angaben in einem Text zusammen (ins Heft) und beschreibe ihre Wirkung auf Colbert und die Gefühle, die sie bei ihm hervorrufen.

| BÉATRICE | ZAHRA |
|---|---|
| Seiten: 93, 100, 104, 110/111, 137, 138-140, 195/196, 202-205, 220/221, 225/226, 287<br><br>**Wirkung und Gefühle:** | Seiten: 92/93, 100, 104, 157-159, 161, 171, 205/206, 216, 227/228, 233, 239, 257/258, 276, 280/281, 294<br><br>**Wirkung und Gefühle:** |

b) Beantworte die folgenden Fragen:
1. Warum entscheidet sich Colbert für Zahra?
2. Welche Rolle spielt Simpel bei dieser Entscheidung?

1.

2.

# Simpel und Colbert

➲ **Aufgabe 5**

Simpel reagiert unterschiedlich auf das Verhalten seines Bruders.
Beschreibe seine Reaktionen und begründe sie mithilfe der folgenden Textstellen.
Schreibe deine Erklärungen in die entsprechenden Spalten der Tabelle.

| Textstellen | Beschreibungen/Begründungen |
|---|---|
| „»Du hast ein Tefelon«, sagte er neidisch.“ (S. 16, Z. 13) | |
| „Barnabé unterbrach sein Spiel und sagte: »Mein Bruder!«, ganz als ob gerade Gott zu ihm gesprochen hätte.“ (S. 20, Z. 17–19) | |
| „»Verstehst du, du musst mir helfen.« Simpel sprang auf: »Ich mach ganz Ordnung auf dem Bett.«“ (S. 21, Z. 6–8) | |
| „Kaum hatte ihm sein Bruder den Rücken zugekehrt, wickelte Simpel Monsieur Hasehase in seinen Schlafanzug und rannte ins Bad.“ (S. 35, Z. 27 – S. 36, Z. 2) | |
| „Colbert schnappte seinen Bruder rücksichtslos am Ärmel und zwang ihn aufzustehen. »Ich hab noch nicht alle Salzgebäcks probiert!«, erklärte Simpel empört.“ (S. 59, Z. 21–24) | |
| „»Ich will Colbert.« Simpel war beunruhigt.“ (S. 70, Z. 24) | |
| „Colbert zog seinen Bruder am Ärmel, aber der hatte Wurzeln geschlagen. »Das ist ein Hasenmädchen«, wiederholte er, als ob die Sache wichtig wäre.“ (S. 74, Z. 23 f.) | |
| „»Ich hasse Colbert.« »Er will nicht, dass wir zum Fest gehen«, erklärte ihm Simpel, den Tränen nah.“ (S. 103, Z. 6–8) | |
| „Von der außerordentlichen Sache, die ihm gerade passiert war, in Panik versetzt, rannte Simpel weg, riss die Zimmertür seines Bruders auf und sprang auf dessen Bett.“ (S. 119, Z. 16–19) | |
| „Colbert lachte. Simpel drehte sich unvermittelt zu ihm: »Bist du jetzt nicht mehr traurig?«“ (S. 143, Z. 2–4) | |
| „»Colbert ist ein Dreckskerl«, sagte Monsieur Hasehase. [...] Alle ließen sie ihn im Stich. Und Colbert. Vor allem Colbert.“ (S. 243, Z. 26 – S. 244, Z. 3) | |

**Aufgabe 6**

Ist Colbert ein guter Bruder?
Beantworte diese Frage mithilfe der PMI-Methode.

| **Thema/Problemstellung/Vorschlag:** **Ist Colbert ein guter Bruder?** | |
|---|---|
| **Pluspunkte** (Vorteile, positive Aspekte, Pro-Argumente) | **Minuspunkte** (Nachteile, negative Aspekte, Kontra-Argumente) |
| | |
| **Beurteilung/Urteil:** | |

➲ **Aufgabe 7**

Untersuche das Gespräch, das Madame Bardoux vom Jugendamt mit Colbert führt (S. 213–216).

| | |
|---|---|
| 1. An welchem Ort findet das Gespräch statt? | |
| 2. Wann sprechen Madame Bardoux und Colbert miteinander? | |
| 3. Warum findet das Gespräch statt? | |
| 4. Über welche Themen wird gesprochen? | |
| 5. Welchen Aufbau hat das Gespräch?<br>– S. 214<br>(bis: ... verleihen würde)<br>– S. 214<br>(bis: ... Maßvolle bewahren)<br>– S. 214-215<br>(bis: ... nicht weit)<br>– S. 215<br>(bis: ... Komplimente verpackte)<br>– S. 215–216<br>(bis: ... besiegelt) | |
| 6. Welche Beziehung haben die Gesprächspartner zueinander? | |
| 7. Welche Absicht verfolgt Madame Bardoux? | |
| 8. Wie verhält sich Colbert? | |
| 9. Warum verhält er sich so? | |
| 10. Welches Ergebnis hat das Gespräch? | |

# Simpels „Familien“

➲ **Aufgabe 1**

a) Ordne die Namen der WG-Bewohner den Zitaten zu und schreibe sie auf die entsprechenden Linien.

**Rue du Cardinal-Lemoine**

„»Soll ich dir einen Kuss geben?«“
(S. 115, Z. 4)

______________________

„»Das ist der intelligenteste Typ, den ich kenne.«“
(S. 122, Z. 21 f.)

______________________

„»Hättest du Lust, heute Vormittag ins Schwimmbad zu gehen?«“
(S. 152, Z. 3 f.)

______________________

„»In Malicroix gibt es Erzieher, die werden seinen Intellekt anregen. Hier vegetiert er nur.«“
(S. 217, Z. 12 f.)

______________________

**ARIA – CORENTIN – EMMANUEL – ENZO**

b) Notiere die folgenden Angaben über die WG-Bewohner in die entsprechenden Personenkästchen auf Seite 29. Manche Angaben passen nicht nur zu einer Person.

Enzos Freund – Chaot – Sinn für Romantik – Bruder von Aria – will Karriere machen – Medizinstudentin – humorvoll – Kind im Mann – mitleidig – Simpels Kumpel – will mit Mädchen anbändeln – Medizinstudent – harte Schale – weicher Kern – heimlicher Schriftsteller – steht ein bisschen abseits – verachtet Chaoten – liebevoll zu Simpel – ehrgeizig – wendet sich von Emmanuel ab – sensibel – Desinteresse an Simpel – zeigt Mitleid mit Simpel – verliebt in Aria – Arias Partner – orientiert sich an Enzo – oft nach außen grob – hat festen Lebensplan – Freund von Corentin – sucht Rat bei Monsieur Gottlieb – raucht zu viel – zielstrebig – flexibel – wirkt manchmal pubertär – korrekt – Emmanuels Partnerin – genervt von morgendlichen Liebesgeräuschen – bereit sich zu ändern – Opposition zu Emmanuel – attraktiv – wechselt Studienfach – spontan – hat menschliche Wärme – wird zum Außenseiter in der WG – hat Gewichtsprobleme

**EMMANUEL**

**ARIA**

**ENZO**

**CORENTIN**

c) Suche eine Fotografie für jede Person und klebe sie in den Rahmen oder male/zeichne selbst ein Bild.

d) Fertige zwei Figurennetze für die vier Studenten der WG an: eines für den Anfang der Handlung und eins für das Ende. Informationen zum Figurennetz findest du auf Seite 39.

e) Fertige zwei Positionsbilder an, die die Haltungen der WG-Mitglieder zu Simpel und Colbert zeigen. Benutze zum Einzeichnen die unten stehenden Formen.

**Positionsbild 1: Anfang des Zusammenlebens mit Simpel und Colbert**

**Positionsbild 2: Ende der Handlung**

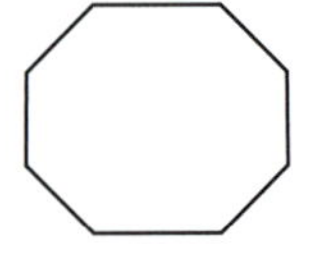

ARIA

ENZO

CORENTIN

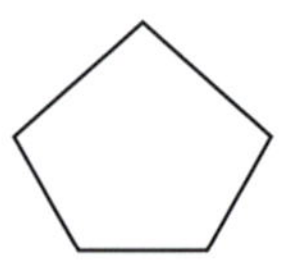
COLBERT

SIMPEL

f) Simpels Art und Verhalten bleiben nicht ohne Wirkung auf die Bewohner der WG. Sieh dir dazu die unten stehenden Textstellen genau an und vergleiche Simpels Äußerungen und Verhaltensweisen mit denen, die man gewöhnlich von einem Erwachsenen erwartet. Beschreibe, was Simpel anders macht. Notiere deine Ergebnisse in die entsprechenden Spalten der Tabelle.

| Textstellen | Simpels besondere Art |
|---|---|
| „Simpel imitierte halblaut das Geräusch der Metrotüren: »Piiiiiii ... klapp.«“ (S. 9, Z. 10 f.) | |
| „»Hör mal, das ist unsere Großtante, die Schwester der Mutter von ...« »Sie ist hässlich.« »Sie ist nicht besonders schön.« »Sie stinkt.«“ (S. 13, Z. 14–18) | |
| „Er nahm zuerst eine Brezel, probierte sie, sagte leise »Kacka« und legte sie wieder in die Schüssel, dann biss er in einen Käsecracker, sagte »Igitt« und legte ihn ebenfalls in die Schüssel zurück.“ (S. 59, Z. 5–9) | |
| „»Die ist nett, die Dame«, sagte Simpel zu seinem Buttergebäck. »Aber trotzdem, sie hat kein' Schwanz.« Emmanuel stand auf: »Ich ertrag das nicht. Ich ... geh ins Zimmer.«“ (S. 67, Z. 17–21) | |
| „»Das ist ein Mirlitär«, erklärte Simpel und deutete mit dem Finger auf ihn.“ (S. 74, Z. 1 f.) | |
| „Während des Gesprächs drehte Simpel den Kopf von einer Seite zur anderen, als würde er einem Tennisspiel folgen, dann dachte er, jetzt sei der geeignete Augenblick, eine kleine Auskunft zu bekommen: »Wie macht man Liebe?«“ (S. 90, Z. 22–26) | |
| „Schüchtern deutete er mit dem Finger auf Emmanuel: »Der da ist blöd.« Enzo hockte sich vor Simpel: »Du bist eigentlich gar nicht so dumm.« »Ich bin dein Freund.«“ (S. 108, Z. 13–17) | |
| „»Ich will, dass die Prinzessin den Prinzen küsst«, forderte Simpel. Aria steckte in der Zwickmühle.“ (S. 127, Z. 14–16) | |
| „»Grunz, grunz«, sagte Simpel ihm gegenüber. Corentin hob den Kopf und fragte mit vollem Mund: »Was, grunz, grunz?« »Das ist das Schwein. Das macht grunz, grunz.« Noch nie hatte jemand Corentin so deutlich gesagt, dass er sich wie ein Schwein vollstopfte.“ (S. 135, Z. 17–21) | |
| „»Gib mir doch kein Küsschen. Der da ist dein Verliebter.« Er deutete mit dem Finger auf Enzo.“ (S. 237, Z. 16–18) | |

g) Beschreibe mithilfe deiner Ergebnisse aus den Aufgaben d) bis f) das Verhalten Simpels und die Veränderungen, die dieses Verhalten bei den WG-Bewohnern bewirkt hat.

## Die Väter

➲ **Aufgabe 2**

a) Beschreibe das Verhalten der „Väter“ mithilfe von jeweils drei Beispielen aus dem Text. Schreibe die Seiten- und Zeilenangaben der entsprechenden Textstellen dazu.

| Monsieur Maluri | Monsieur Gottlieb | Papa Larbi |
|---|---|---|
| 1.: S. ________, Z. ________ | 1.: S. ________, Z. ________ | 1.: S. ________, Z. ________ |
| | | |
| 2.: S. ________, Z. ________ | 2.: S. ________, Z. ________ | 2.: S. ________, Z. ________ |
| | | |
| 3.: S. ________, Z. ________ | 3.: S. ________, Z. ________ | 3.: S. ________, Z. ________ |
| | | |

b) Vervollständige das Cluster, das Tätigkeiten nennt, die einen guten Vater charakterisieren, nach deinen Vorstellungen.

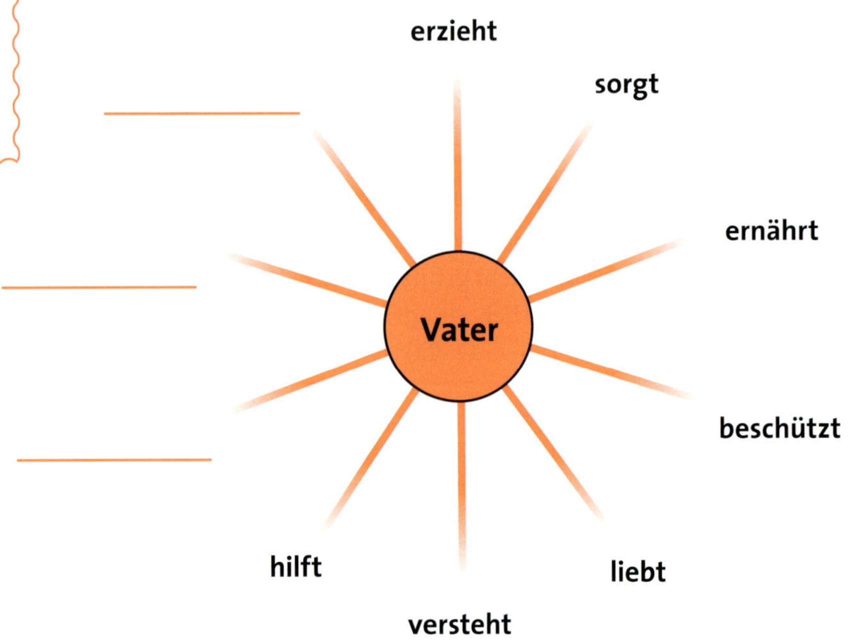

c) Beurteile die drei „Väter“, die im Roman vorkommen, mithilfe der folgenden Tabelle. Notiere zunächst die Verben aus dem Cluster in die entsprechenden Spalten. Manche Verben können mehrmals benutzt werden. Für Monsieur Maluri musst du Verben hinzufügen, die seine Haltung zu Simpel zeigen.

| Monsieur Maluri | Monsieur Gottlieb | Papa Larbi |
|---|---|---|
| | **Meine Verben:** | |
| | | |
| | **Meine Bewertung:** | |
| | | |

d) Schriftsteller geben ihren Personen oft Namen, die auf den Charakter der Figuren hinweisen. Erkläre, warum die Namen, mit denen die „Väter“ in der Schilderung der Handlung bezeichnet werden, solche Hinweise geben.

## Zahras Familie

**➲ Aufgabe 3**

a) Beschreibe, wie sich die Familie Larbi gegenüber Simpel verhält.

S. 197

S. 199

S. 206

S. 213

S. 216

S. 233

S. 237/238

S. 238

S. 240

 

b) Simpel und Amira verstehen sich sofort und mögen sich sehr. Das kann man verstehen, wenn man sich klarmacht, dass die beiden zwei wichtige Gemeinsamkeiten haben.
Formuliere diese Gemeinsamkeiten mithilfe des Bildes und schreibe dein Ergebnis auf die Linien.
Beschreibe, wie sich die Familie Larbi gegenüber Simpel verhält.

**Gemeinsamkeiten – Simpel und Amira**

**Familie Larbi und Simpel**

c) Beide haben ihre Erfahrungen gemacht, wie die Menschen auf sie reagieren.
Beschreibe diese Erfahrungen mithilfe der angegebenen Seitenzahlen.

Simpel: S. 9/10, S. 31, S. 67, S. 223, S. 254

Amira: S. 155, S. 199/200

d) Wenn Simpel und Amira zusammen sind, machen sie eine ganz neue Erfahrung.
Erkläre, welche Gefühle ihr Zusammensein auslösen könnte.

**➲ Aufgabe 4**

Der Roman enthält auch eine Liebesgeschichte, sozusagen eine „Geschichte in der Geschichte“, die ebenfalls von Simpel beeinflusst wird.

a) Stelle den Verlauf der Handlung dieser Liebesgeschichte zusammen. Bringe dazu die folgenden Sätze in die richtige Reihenfolge.

| | |
|---|---|
| | Aria erzählt Enzo von Emmanuels Heiratsabsicht. |
| | Aria und Enzo haben gemeinsam Spaß an Simpels Sprachspiel, Emmanuel nicht. |
| | Aria erklärt Enzo, dass sie Emmanuel liebt und weist ihn zurück. |
| | Enzo und Aria werden ein Paar. |
| | Monsieur Gottlieb rät Enzo, Aria eifersüchtig zu machen. |
| | Arias Haltung Enzo gegenüber verändert sich, sie warnt ihn vor Emmanuel. |
| | Emmanuel und Aria sind ein Paar, Enzo ist genervt. |
| | Aria zögert mit ihrer Antwort. Enzos Roman geht ihr nicht aus dem Kopf. |
| | Aria kehrt zu Colberts Geburtstag in die WG zurück. |
| | Monsieur Gottlieb rät Enzo, Aria zu küssen. |
| | Nach einer Aussprache mit Aria verlässt Emmanuel allein die WG. |
| | Durch Simpels Wohnungserkundung bekommt Aria Enzos Roman in die Hände. |
| | Aria zieht eine Zeit lang zu ihren Eltern, um zur Ruhe zu kommen. |
| | Nach der Ohrfeige rät Monsieur Gottlieb zu roten Rosen. |
| | Enzo bekommt eine Ohrfeige von Aria. |
| | Emmanuel denkt darüber nach, mit Aria in eine eigene Wohnung zu ziehen und macht den Vorschlag zu heiraten. |

b) Emmanuel und Enzo sind Rivalen. Jeder versucht Aria zu überzeugen, dass er der richtige Partner ist. Schreibe in die Sprechblasen, was sie sagen könnten. Die Zitate in den Textfeldern können dir dabei helfen. Schreibe in der Ich-Form.

| „Simpel schwenkte den Hasen an den Ohren. Emmanuel rückte auf seinem Stuhl ganz nach hinten. »Oho! Braucht er auch keine Tabletten, wenn er in diesem Zustand ist?«“ (S. 51, Z. 12–16) | *„Emma war teuflisch schön.“* (S. 181, Z. 23 f.) |
|---|---|
| „»Emmanuel hat mich gefragt, ob ich ihn heiraten will […].«“ (S. 235, Z. 16 f.) | „»Ich liebe dich, du weißt nicht, wie sehr ich dich liebe!«“ (S. 286, Z. 12 f.) |

c) Warum entscheidet sich Aria für Enzo? Schreibe deine Begründung in das Herz.

d) Simpel trägt durch eine Handlung, die nicht beabsichtigte, zufällige Folgen hat, und durch seine Hinweise auf die wahren Gefühle Arias zu dieser Entwicklung bei. Lies dazu die angegebenen Textstellen und vervollständige anschließend das Organigramm.

**Simpel mischt sich ein**

| Zufällige Folgen (S. 174/175): | Zufällige Folgen (S. 181/182): | Seine Hinweise (S. 236/237): |
| --- | --- | --- |
| | | |

e) Monsieur Gottlieb hat die Rolle des Beraters für Enzo und seine Eroberungstaktik übernommen. Was würdest du Enzo antworten, wenn er dich per Textnachricht um Rat fragen würde? Schreibe deine Antwort.

18:30

## Beispiel für ein Figurennetz

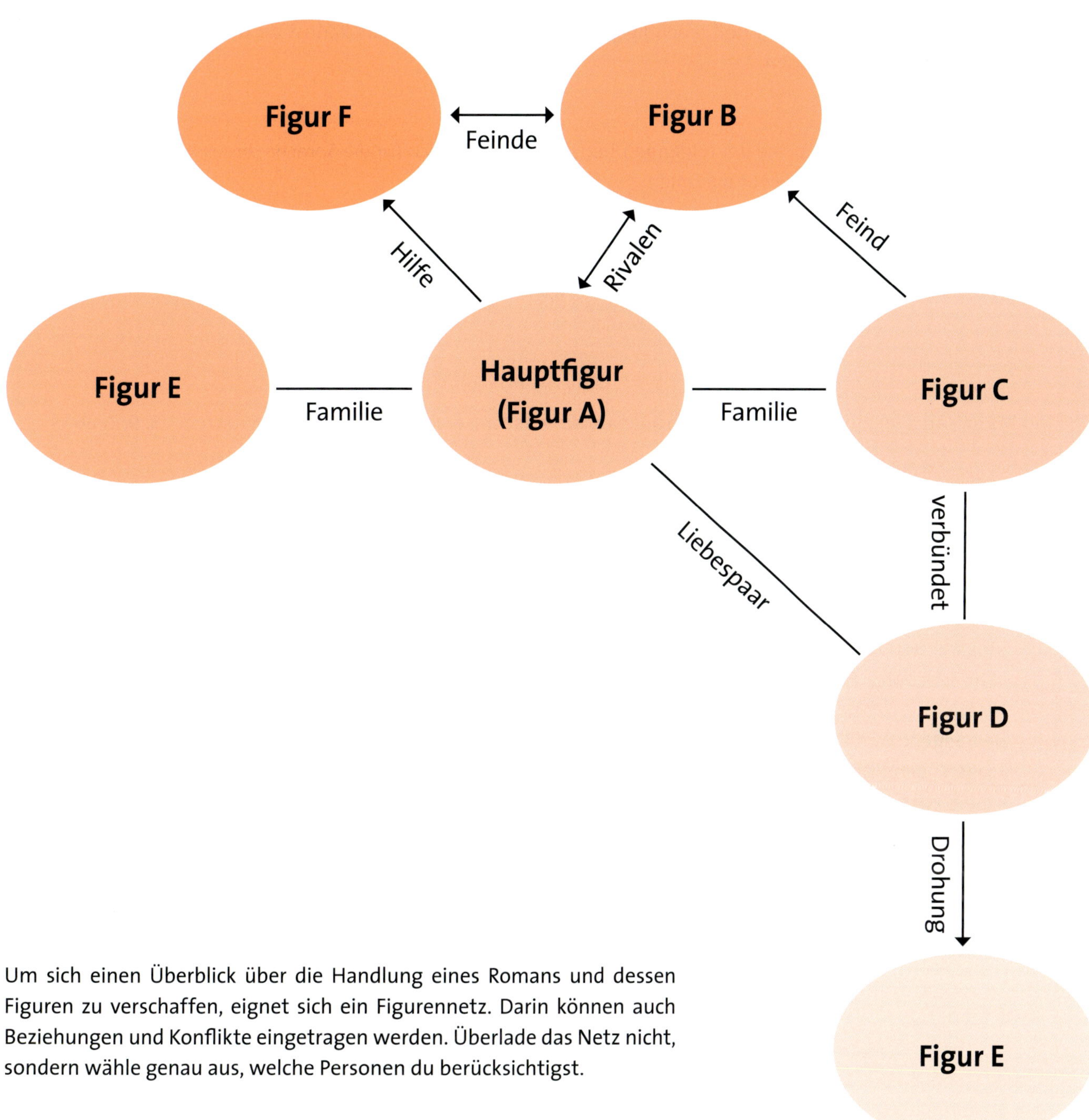


Um sich einen Überblick über die Handlung eines Romans und dessen Figuren zu verschaffen, eignet sich ein Figurennetz. Darin können auch Beziehungen und Konflikte eingetragen werden. Überlade das Netz nicht, sondern wähle genau aus, welche Personen du berücksichtigst.

# Sprache und Stil

**➲ Aufgabe 1**

Der Roman ist in einer einfachen und lebendigen Sprache geschrieben. Das kannst du durch die Bearbeitung der folgenden Aufgaben nachweisen.

a) Bestimme die Satzbaupläne der folgenden Textstellen, die typisch für die Sprache dieses Romans sind. Schreibe deine Ergebnisse auf die Linien.

„An der Station stieg ein Mann ein und setzte sich neben Colbert." (S. 9, Z. 12 f.)

„Der Mann sah nacheinander die beiden Brüder an, als versuche er die Situation einzuschätzen." (S. 9, Z. 26 f.)

b) Die Sprache wirkt durch die abwechslungsreichen und treffenden Verben sehr lebendig. Suche zehn Verben heraus, die Marie-Aude Murail auf den Seiten 9 bis 11 für das Wortfeld „sagen" benutzt und schreibe sie im Infinitiv in das Schaubild.

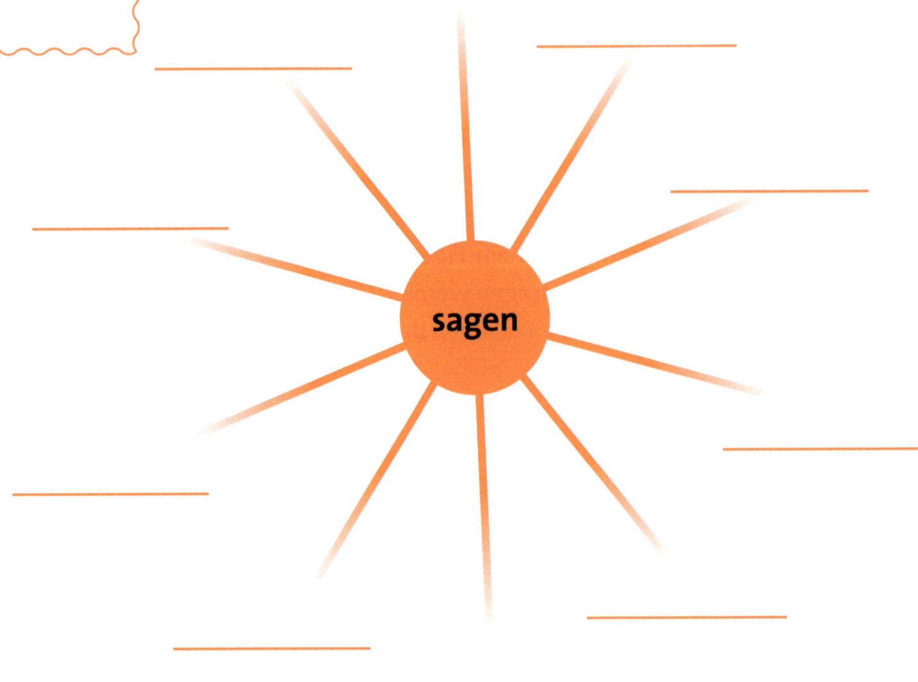

c) Die Lebendigkeit und Ausdruckskraft der Sprache wird noch unterstrichen durch die rhetorischen Stilfiguren der Metapher und des Vergleichs*.

Erkläre, was die Autorin mit der Metapher und dem Vergleich auf S. 28, Z. 20–22 sagen möchte.

„Er hatte dunkle Augen, mit einem inneren Feuer, der andere helle, wie zum Himmel geöffnete Fenster."

Finde Vergleiche zu folgenden Textstellen.

1. „Sie ist hässlich.«" (S. 13, Z. 16)

   Sie ist hässlich wie

2. „Der war glücklich, dass er sein Gelump von Stofftier wiederhatte, wetten?" (S. 94, Z. 7–9)

   Der war glücklich wie

3. *„Emma war teuflisch schön."* (S. 181, Z. 23 f.)

   Emma war schön wie

4. „»Wie wär's, wenn wir uns schön machen?«, schlug Monsieur Hasehase vor." (S. 201, Z. 1 f.)

   Sie machen sich schön wie

**Aufgabe 2**

Die Sprache trägt auch zur Charakterisierung von Personen und Beziehungen bei.

a) Wie wird Simpel von dem Mann in der Metro (S. 10), Monsieur Gottlieb (S. 76), Enzo (S. 92) und Aria (S. 114) genannt? Schreibe die Bezeichnungen und ihre Bedeutungen für die Meinungen über Simpel auf die entsprechenden Linien.

Mann in der Metro:

* Ein Informationsblatt zu diesen Stilfiguren kannst du dir bei deiner Lehrerin/deinem Lehrer holen.

Monsieur Gottlieb: ______________________________

______________________________

______________________________

Enzo: ______________________________

______________________________

______________________________

Aria: ______________________________

______________________________

______________________________

b) Simpel spricht „mehrere Sprachen“, die etwas über sein Wesen aussagen. Vervollständige dazu die Tabelle.

| Simpels Sprachen | Wirkungen | Aussagen über Simpel |
|---|---|---|
| **Kindersprache**<br>Beispiel S. 161, Z. 8:<br>„»Er hat die Husten-krankheit.«“ | | |
| **Erwachsenensprache**<br>Beispiel S. 73, Z. 16 f.:<br>„»Kennst du dich mit Mädchen aus, Colbert?«, fragte er.“ | | |
| **Erfundene Sprache**<br>Beispiel S. 184, Z. 11:<br>„»Hast du goldene Brustik gekauft?«“ | | |

c) Der Roman enthält viele Dialoge, die zur Charakterisierung von Personen und ihren Beziehungen beitragen. Lies die angegebenen Textstellen und beurteile, wie sich die Gesprächspartner Simpel gegenüber verhalten. Vervollständige dazu die Sätze mit einem passenden Adjektiv.

S. 65/66: Emmanuel verhält sich ______.

S. 69/70: Enzo verhält sich ______.

S. 83/84: Colbert verhält sich ______.

S. 113–115: Aria verhält sich ______.

S. 267/268: Corentin verhält sich ______.

d) Amira kann sich vor allem durch die Körper- und Gebärdensprache ausdrücken. Erkläre, was sie mit den folgenden Textstellen sagen möchte. Schreibe deine Ergebnisse auf die Linien.

„Sie lächelte Simpel an und winkte ihn zu sich." (S. 199, Z. 18 f.)

„Das Kind deutete mit anklagendem Finger auf Monsieur Hasehase." (S. 202, Z. 15 f.)

**➲ Aufgabe 3**

Durch die Sprache kann man auch die Botschaften, die in einem Text stecken, erkennen.

a) Auf der Seite 240 sagt Simpel: „»Ich bin Simpel.«" (Z. 14) Darauf antwortet Colbert: „»Na, dann heiße ich Kompliziert.«" (Z. 15)

➡ Im Wörterbuch wird „simpel" mit „einfach, einfältig" angegeben und „kompliziert" mit „verwickelt, schwierig, umständlich". Welche Angaben passen deiner Meinung nach am besten auf die Textstelle? Begründe deine Antwort.

Welche Botschaft über das Zusammenleben steckt in diesen beiden „Namen“? Die Ergebnisse der Aufgaben zum Thema Interpretation können dir bei der Beantwortung dieser Frage helfen.

b) Simpel hat gelernt, dass man keine Schimpfwörter benutzen soll. Solche Ausdrücke kommentiert er immer mit „»Oh, oh, böses Wort«“. Im Roman gibt es jedoch wesentlich „bösere“ Wörter, die sich nicht auf die Ausdrucksweise, sondern auf den Umgang der Menschen miteinander beziehen.
Schreibe das Wort heraus, das für dich das UNWORT des Romans ist, und begründe deine Wahl.

Mein Unwort:

**Aufgabe 4**

Dieses Buch bringt uns zum Lachen. Das liegt an dem Humor, den die Autorin Marie-Aude Murail immer wieder spüren lässt. Aus Äußerungen Simpels und Situationen, die er verursacht, ergibt sich Komik.

a) Suche Beispiele auf den Seiten 14, 57, 65, 106/107, 129, 153, 162, 175, 247, 253 und trage die Seitenangaben in die entsprechenden Spalten der Tabelle ein. Manche Angaben passen in beide Spalten.
b) Füge in jeder Spalte eine weitere passende Seitenangabe hinzu.

| Komik durch Simpels Äußerungen | Komik durch Situationen |
| --- | --- |
| | |

# Interpretation

➲ **Aufgabe 1**

a) Lies die Interpretationsvorschläge sehr genau.

b) Schreibe mithilfe deiner Textkenntnis unter jeden Vorschlag einen Grund, warum ein solcher Interpretationsansatz möglich ist.

c) Stelle eine Reihenfolge der Interpretationsvorschläge her. Beginne bei der deiner Meinung nach stärksten Position und beschließe deine Liste mit der schwächsten.

d) Verfasse mithilfe deiner Ergebnisse von b) und c) eine eigene Interpretation, zu der du auch neue Gesichtspunkte hinzufügen kannst.

Der Roman beschreibt sehr humorvoll das Leben in einer besonderen WG. Jeder ist mit seinen Problemen beschäftigt. Durch den Einfluss von Simpel und seiner direkten Art verändern sich Gewohnheiten, Meinungen und Beziehungen. Am Ende ist eine Gemeinschaft aus der WG geworden.

Durch den großen Anteil von Dialogen im Roman kann man sich gut in die unterschiedlichen Blickwinkel der einzelnen Personen hineinversetzen. Daher kann man sowohl das Verhalten Simpels als auch die Reaktionen der Mitbewohner besser verstehen. Es ist der Autorin wohl wichtig zu zeigen, dass es verständlich ist, wenn man im Umgang mit behinderten Menschen unsicher ist und ablehnend reagiert. Es ist ihr aber noch wichtiger zu zeigen, dass man seine Berührungsängste abbauen und eine Beziehung zu behinderten Menschen aufbauen kann, die für beide Seiten positiv ist.

Marie-Aude Murail will Verständnis wecken für Menschen mit Behinderungen und auch deren Angehörige. Sie hat dafür die Figur Simpel geschaffen, die anstrengend ist, unbequeme Wahrheiten ausspricht und das Leben der anderen umkrempelt. Gerade dadurch beschreibt die Autorin auch die Chance für die sogenannten „Normalen“, die in der Veränderung der festgefahrenen Ansichten und Lebensplanungen liegen kann.

Der Jugendroman *Simpel* von Marie-Aude Murail ist die Geschichte von dem behinderten Simpel, die Geschichte von seinem Leben mit den anderen, seinen Freuden und Ängsten. Sie ist traurig und komisch zugleich. Sie gibt allen Lesern den Anstoß nachzudenken: über ihr Verhalten, ihre Beziehungen, ihre Erwartungen an das Leben. Sie lehrt uns Toleranz.

Simpel besitzt die Unberechenbarkeit, Ehrlichkeit und Neugier eines Dreijährigen und demaskiert damit seine Mitmenschen, er deckt menschliche Schwächen auf. Simpel ist ein sensibler Mensch, der seine ungeklärte Lebenssituation genau spürt und mit Angst und auch Aggression reagiert.

Missverständnisse, Verwechslungen und turbulente Ereignisse stehen für die Komik des Romans. Stille Augenblicke zeigen Trauer, Angst, Ausweglosigkeit und Liebe.

In diesem Roman sind die Stillen und Klugen die Starken. Sie sind es auch, die Simpel besonders in ihr Herz geschlossen haben und seine Bedeutung für ihr eigenes Leben erkennen.

Das anrührende und zugleich witzige Buch stellt die Frage, ob man immer nur vernünftig handeln sollte. Es zeigt, wie unverzichtbar Warmherzigkeit, Zuwendung und Gemeinschaft sind. Es zeigt auch, dass es sich lohnen könnte, den Mut zur Veränderung zu haben.

Der Aufbau dieses Jugendromans garantiert Spannung und Unterhaltung. Er arbeitet mit Parallelhandlungen, die die Geschichte Simpels immer wieder unterbrechen und gleichzeitig erweitern. Passagen, die Simpel in seiner Welt und in der Kommunikation mit seinen Mitmenschen zeigen, wechseln sich ab mit den Schilderungen des Lebens und der Probleme Colberts und der WG-Bewohner und ihren Reaktionen auf Simpel.

**Aufgabe 2**

Monsieur Hasehase hat eine große Bedeutung im Roman. Darauf weist die Autorin schon durch die Kapitelüberschriften hin. Es wäre auch denkbar, Kapitelüberschriften zu wählen, die sich auf Simpel, die Hauptfigur des Romans, beziehen.
Formuliere zu jedem Kapitel eine Überschrift, in der Simpel genannt wird, und schreibe sie auf die Linien.

Kapitel 1: ______

Kapitel 2: ______

Kapitel 3: ______

Kapitel 4: ______

Kapitel 5: ______

Kapitel 6: ______

Kapitel 7: ______

Kapitel 8: ______

Kapitel 9: ______

Kapitel 10: ______

Kapitel 11: ______

Kapitel 12: ______

Kapitel 13: ______

➲ **Aufgabe 3**

Im Roman kommt das „Malicroix-Spiel“ mehrmals vor. Das weist darauf hin, dass es eine besondere Bedeutung für Simpel hat. Lies dazu folgenden Text und bearbeite anschließend die folgenden Fragen.

## Die Bedeutung des Spiels

Spielen mit der Freude sich auszudrücken ist der „Hauptberuf“ der Kinder. Es hilft, die Welt zu begreifen und den Alltag zu bewältigen.

Das Spiel hat eine große Bedeutung für die Entwicklung der Persönlichkeit. Spielend verarbeiten Kinder Gefühle wie Enttäuschung und Trauer, Angst und Aggression, aber auch Freude und Sehnsucht. Kinder können im Spiel Feinde besiegen und Helden sein. Konflikte, die im Alltagsleben nicht zu lösen sind, werden im Spiel aufgearbeitet.

In der Bewältigung von Angst und Verletzung kommt dem Spiel eine besondere Rolle zu. Das spielende Kind ist nicht mehr passiv, nicht mehr ein Opfer, sondern fügt den „Mitspielern“ das zu, was es selbst erlebt hat. Es rächt sich sozusagen am „Stellvertreter des Feindes“. Die Entlastung von Angst und Verletzung geschieht dadurch, dass die bedrohliche Situation im Spiel beherrscht werden kann. Diese kindliche Strategie nutzt auch Simpel:

Wenn Simpel „Malicroix“ spielt und seine Playmobils von Monsieur Hasehase erschlagen lässt, dann zeigt dieses Verhalten, wie groß die Angst des jungen Mannes vor dieser Anstalt ist und wie hilflos er sich fühlt. In diesem Spiel kann er seine Gefühle ausleben und sich entspannen. Das hilft ihm auch, nicht immer an die schrecklichen Vorstellungen eines Aufenthaltes in Malicroix denken zu müssen. So kann er zeitweise die erfreulicheren Situationen in seinem Alltag erleben. Aber weil seine Angst nicht aufhört, muss er immer wieder „Malicroix“ spielen, sich immer wieder Luft machen. Auch sein „Verolver“ dient ihm zum Schutz gegen alles Bedrohliche.

I. Diese Fragen kannst du mithilfe von Informationen, die an einzelnen Stellen in dem Text stehen, beantworten.
   a) Welche Aufgabe hat der „Hauptberuf“ der Kinder?

   b) Welche Gefühle verarbeiten Kinder im Spiel?

II. Diese Fragen kannst du mithilfe von Informationen, die in dem Text an verschiedenen Stellen zu finden sind, beantworten.
   a) Warum hilft das Spielen gegen die Angst?

   b) Was bewirkt das „Malicroix-Spiel“ bei Simpel?

III. Diese Fragen kannst du mithilfe von Textinformationen und deinem eigenen Wissen beantworten.
   a) Was bedeutet es, wenn Kinder „Familie“ spielen?

   b) Haben Spiele, in denen es um Sieg und Niederlage geht, mit der Bewältigung des Alltags zu tun? Begründe deine Antwort.

IV. Diese Fragen kannst du beantworten, wenn du zu den Aussagen Stellung nimmst.
   a) Was hältst du von Spielen wie „Malicroix“?

   b) Was hältst du davon, dass Simpel einen „Verolver“ besitzt?

**Aufgabe 4**

Sieh dir die Aspekte der Deutung im ersten Kasten an. Wähle anschließend den aus, der dir am wichtigsten ist. Erkläre genauer, was du darunter verstehst (im grauen Pfeil) und stelle einen Bezug zu deinem Leben her. Erkläre diesen Bezug genau, am besten an Beispielen.

**Thema:**

**Gelungenes Zusammenleben mit einer Person mit geistiger Behinderung**

**Aspekte des Themas:**

- Verantwortungsgefühl
- Mitgefühl/Verständnis
- Liebe
- Toleranz
- Durchhaltevermögen
- Gemeinschaft

**Ausgewählter Aspekt:**

**Bezug des Aspektes zum eigenen Leben/Schlussfolgerung:**

# Kritik

**➲ Aufgabe**

Jugendliche unterhalten sich über Bücher, die sie gelesen haben, auch über den Jugendroman *Simpel* gibt es Kritiken.

a) Lies die Beurteilungen der Jugendlichen und schreibe stichwortartig das Wesentliche heraus.

b) Schreibe eine eigene Kritik, in der du auf die der anderen Jugendlichen eingehst und deine Meinung zu dem Buch formulierst. Du kannst auch ein Foto von dir in das leere Kästchen kleben.

Konstantin, Laura, Iman, Rebecca

*Wir haben uns das Buch gegenseitig vorgelesen und viel Freude dabei gehabt. Uns hat besonders gut gefallen, dass die Geschichte aus verschiedenen Perspektiven erzählt wird. So konnten wir uns gut in mehrere Figuren hineinversetzen, vor allem natürlich in Simpel. Wir haben mitgefühlt, wenn er traurig war und wenn er sich freute.*

Laura

*Ich finde es sehr gut, dass die Geschichte von Simpel ein Thema behandelt, das einen behinderten Menschen in den Mittelpunkt stellt und so liebenswert beschreibt. In unserer Gesellschaft stehen diese Menschen doch am Rand. Wir haben Angst, weil wir nicht wissen, wie wir mit ihnen umgehen sollen. Und diese Geschichte kann uns die Angst nehmen.*

Rebecca

*Toll, wie ein eher trauriges Thema teilweise so heiter behandelt worden ist. Ich habe erfahren, wie anziehend ein behinderter Mensch sein kann und wie er uns mit seiner naiven ehrlichen Art Wahrheiten sagen kann, die für uns wichtig sind. Ich konnte mir vorher auch nicht vorstellen, dass das Zusammenleben mit ihm so spannend ist.*

Konstantin

*Was mir nicht gefallen hat:*
*Die Handlungsweise des Vaters müsste besser erklärt werden, damit man auch für ihn Verständnis hat. Die Beamtin vom Jugendamt steht bei der ersten Begegnung mit Simpel „auf dem Schlauch", und über die Zustände in der Anstalt Malicroix sollte man mehr erfahren, um Simpel noch besser verstehen zu können.*

Iman

*Das Ende des Romans ist ja eigentlich kein richtiges Ende. Man erfährt nicht, wie es mit Simpel, Colbert und Zahra weitergeht. Es könnte doch sein, dass es nicht klappt und Simpel endgültig im Heim verschwindet.*
*Den letzten Satz von Monsieur Hasehase finde ich zu kompliziert und schlecht zu verstehen.*

Irina

*Simpel ist mir richtig ans Herz gewachsen. Ich habe mich gefühlt, als ob ich auch eine WG-Bewohnerin wäre. Das ist ein wunderschönes Buch, traurig und lustig, zum Weinen und zum Lachen.*
*Besonders gut ist, dass das Leben mit Simpel auch mit allen Schwierigkeiten beschrieben ist. Sonst wäre es ganz unglaubwürdig.*

Lukas

*Die Autorin Marie-Aude Murail hat ein ganz schwieriges Thema toll dargestellt. Es ist spannend. Ich habe viel gelacht über die Situationen, die durch Simpels kindliche Art entstanden sind, aber auch oft über die Probleme nachgedacht. Und manchmal bin ich traurig gewesen, zum Beispiel, als Simpel wieder in die Anstalt musste und so viel Angst davor hatte.*

Tom

*Eigentlich hat mir das Buch gut gefallen, weil es unterhaltend und leicht zu lesen ist. Nur glaube ich nicht, dass die Geschichte von Simpel realistisch ist. In Wirklichkeit ist es sicher viel anstrengender, mit einem behinderten Menschen zu leben. Und ich glaube auch nicht, dass es viele Leute gibt, die so liebevoll sind wie z. B. Colbert und Zahra. Schön wäre das!*

***Meine Kritik:***

Hake die passende Aussage ab.

## Sprache – Interpretation – Kritik – Checkliste

| | Mit dieser Aufgabe habe ich keine Probleme. | Mit dieser Aufgabe habe ich wenig Probleme. | Mit dieser Aufgabe habe ich noch große Probleme. |
|---|---|---|---|
| Ich kann Textstellen erklären. | | | |
| Ich kann zu Erklärungen Textstellen finden. | | | |
| Ich kann Fragen zum Text beantworten. | | | |
| Ich kann mit Schaubildern arbeiten. | | | |
| Ich kann Entwicklungen darstellen. | | | |
| Ich kann Personen charakterisieren und beurteilen. | | | |
| Ich kann Beziehungen von Personen darstellen. | | | |
| Ich kann Gespräche untersuchen. | | | |
| Ich kann meine Meinung zum Text formulieren. | | | |
| Ich kann zu Interpretationen Stellung nehmen. | | | |
| Ich kann die Sprache untersuchen und ihren Bezug zur Textaussage darstellen. | | | |

Sieh dir zunächst alle Aufgabenstellungen genau an. Entscheide anschließend, ob du dir die Aufgaben (eine aus jeder Gruppe), die du bearbeiten willst, selbst auswählst oder ob du dem Würfel, also dem Zufall, die Wahl überlässt.

**Hinweis:** Zu den Kapiteln „Interpretation" und „Kritik" gibt es keine Werkstattaufgaben.

diegobarruffa/pixabay.com

## Aufgabengruppe I: Inhalt

- ⚀ Schreibe einen Bericht über das Buch für die Schülerzeitung. (Informationen über einen Zeitungsbericht siehe S. 56.)
- ⚁ Entwirf ein neues Buchcover.
- ⚂ Schreibe eine Fortsetzung. Wie geht es mit Simpel und Colbert weiter?
- ⚃ Zeichne oder beschreibe acht bis zehn Bilder, die in einer Bildergeschichte den Inhalt wiedergeben könnten.
- ⚄ Schreibe einen Klappentext für eine Buchausgabe.
- ⚅ Entwirf ein Werbeplakat für das Buch.

## Aufgabengruppe II: Simpels Weg

- ⚀ Colbert gibt eine Annonce auf, um eine Wohnung für sich und Simpel zu finden. Schreibe diese Annonce.
- ⚁ Bearbeite die Aufgabe auf dem Arbeitsblatt „Simpels Weg" S. 57.
- ⚂ Suche dir einen Partner/eine Partnerin und spielt zusammen das Memory (S. 58–60).
- ⚃ Beschreibe Simpels Tagesablauf in Malicroix.
- ⚄ Zu Simpels Weg soll eine Fotogeschichte entstehen. Wähle aus jeder Station eine Situation, die du fotografieren würdest und beschreibe sie.
- ⚅ Überlege dir für jeden WG-Bewohner ein Geschenk, das er Simpel bei seiner Heimkehr überreicht. Notiere deine Ergebnisse und begründe sie.

## Aufgabengruppe III: Simpel und Monsieur Hasehase

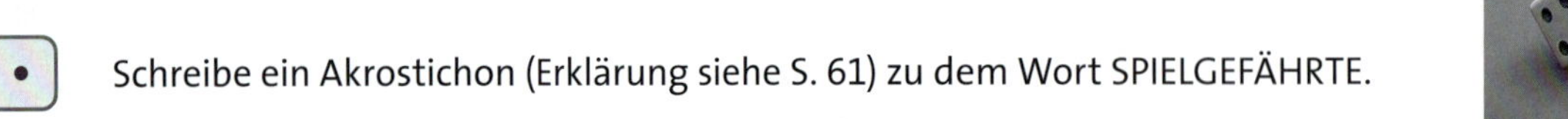

- Schreibe ein Akrostichon (Erklärung siehe S. 61) zu dem Wort SPIELGEFÄHRTE.
- Schreibe einen Songtext zu Simpel und Monsieur Hasehase.
- Entwirf ein Plakat, um Monsieur Hasehase vorzustellen.
- Schreibe fünf für dich wichtige Textstellen zu Simpel und Monsieur Hasehase heraus.
- Suche im TV-Programm oder online eine Sendung oder Serie, die Simpel und Monsieur Hasehase gefallen könnte und begründe deine Wahl.
- Zeichne ein Symbol für die Beziehung von Simpel und Monsieur Hasehase.

## Aufgabengruppe IV: Simpel und Colbert

- Colbert spürt, dass er überfordert ist. Schreibe zu diesem Problem einen inneren Monolog (Informationen zum inneren Monolog siehe S. 61).
- Füge in die Textstellen auf der S. 62 Kommentare in den Text ein.
- Sammle Textstellen, in denen Colberts Äußeres beschrieben wird. Fällt dir ein passender Schauspieler ein?
- Colbert erzählt Simpel von der Zeit, als Mama noch lebte. Schreibe auf, was er erzählen könnte.
- Colbert schreibt einen Brief an seinen Vater, in dem er ihm erklärt, warum Simpel eine richtige Familie bräuchte. Schreibe diesen Brief.
- Enzo schreibt eine Geschichte mit dem Titel „Simpel und Colbert“. Schreibe diese Geschichte.

 

## Aufgabengruppe V: Simpels „Familien“

- Verfasse ein TV-Interview (Informationen zum Interview siehe S. 63), das ein Reporter mit Enzo oder Emmanuel über das Zusammenleben mit Simpel führt.
- Bearbeite das Arbeitsblatt zu Farben und Musik auf S. 64.
- Fertige eine Liste an, die den WG-Bewohnern helfen könnte, an alles zu denken, was im Umgang mit Simpel zu berücksichtigen ist.
- Informiere dich im Internet über die Geschichten von Pu dem Bären. Warum benutzt Enzo Namen aus diesen Geschichten?
- Male die Kleidung, die du dir für die drei „Väter“ vorstellst oder suche in Zeitschriften/im Internet Bilder und klebe sie in dein Heft.
- Überlege dir, welches Spiel Simpel, Aria und Enzo auch Spaß machen könnte und beschreibe es.

## Aufgabengruppe VI: Sprache und Stil

- Ordne den WG-Bewohnern Tiere zu und schreibe jeweils einen Satz nach dem Muster: Der Mann ist so stark wie ein Löwe.
- Suche in Zeitschriften und/oder im Internet nach einem Bild, auf dem durch Körpersprache Freude ausgedrückt wird und klebe es ins Heft.
- Was ist für dich einfach, was kompliziert? Liste deine Angaben in eine Tabelle auf.
- Schreibe deiner Banknachbarin/deinem Banknachbarn eine Nachricht in einer erfundenen Sprache. Füge einen Tipp zur „Übersetzung“ hinzu.
- Nenne einen Film oder einen Comic, den du komisch findest und begründe deine Wahl.
- Simpel möchte einen Doppelnamen haben. Finde einen weiteren passenden Namen für ihn.

# Der Zeitungsbericht

## → Absicht, Aufgabe

Ein Zeitungsbericht soll neutral, objektiv und sachlich über Ereignisse und Vorgänge informieren.

## → Inhalt

Er orientiert sich an den W-Fragen:
Wer? Was? Wo? Wann? Wie? Warum? Mit welchen Folgen?
Der Bericht kann Hintergrundinformationen enthalten, wenn sie das Ereignis erklären oder besser verständlich machen.

## → Aufbau

Eine treffende Überschrift/Schlagzeile bringt das Thema auf den Punkt.
Ein Zeitungsbericht gliedert sich in Einleitung, Hauptteil und Schluss. Dabei steht das Wichtigste am Anfang. Das sind vor allem die Antworten auf die ersten vier W-Fragen.
Danach folgen im Hauptteil die Hintergrundinformationen zum Verlauf des Geschehens (Wie? Warum?).
Zum Schluss werden die Folgen der Ereignisse genannt.

## → Stil

Ein Zeitungsbericht ist genau und sachlich geschrieben. Dazu werden vor allem Nomen und Nominalisierungen eingesetzt und wenig Adjektive verwendet. Auf sprachliche Ausschmückungen wird verzichtet. Der Bericht enthält keine Wertungen und Gefühle und keine Umgangssprache. Knappe Aussagen von Beteiligten werden nicht wörtlich, sondern indirekt wiedergegeben.

## → Zeitform

Das Tempus in einem Zeitungsbericht ist in der Regel das Präteritum (Vergangenheit).
Was vor dem berichteten Ereignis liegt, steht im Plusquamperfekt (Vorvergangenheit: *Sie hatten geprügelt).*
Der richtige zeitliche Ablauf ist entscheidend.

# Simpels Weg

Für vier Stationen stehen Elfchen (Erklärung siehe S. 61) in den Textfeldern. Für vier Stationen müssen die Elfchen noch verfasst werden. Schreibe deine Elfchen in die entsprechenden Textfelder. Male anschließend alle Textfelder mit zu den Elfchen passenden Farben aus.

| **Aufbruch aus Malicroix** | **Wohnungssuche** | **Beginn des Zusammenlebens** | **Probleme mit dem Zusammenleben** |
|---|---|---|---|
| Freiheit<br>Kein Malicroix<br>Wohnen in Paris<br>Colbert und ich zusammen<br>Freude | | Neugier<br>Viele Entdeckungen<br>Mädchen sind anders<br>Buch für Monsieur Hasehase<br>Verliebt | |
| **Noch mehr Probleme** | **Wieder in Malicroix** | **Flucht** | **Heimkehr** |
| Einkaufszentrum<br>Diebstahl entdeckt<br>Kritzel in Heft<br>Verwirrung durch Monsieur Mutchbinguen<br>Schwierig | Verrat<br>Von allen<br>Im Stich gelassen<br>Keine Augen mehr haben<br>Eingesperrt | | |

## Stichworte zu Ereignissen auf Simpels Weg

| | | | |
|---|---|---|---|
| Absprache mit Jugendamt und Vater | Monsieur Hasehase ohne Augen | Madame Chémel | Nachts in Paris |
| Restaurant | Wohnungs-besichtigung mit Jackie | Mitbewohner in WG gesucht | Verschwundener Monsieur Hasehase |
| Prinz Simpel | Bowle | Monsieur Mutchbinguen | Im Schwimmbad |
| Seit 14 Tagen in Paris | Bei der Großtante | WG-Bewohner: Gewöhnen an Simpel | Simpel erkundet WG |
| Nachwirkungen der Flucht | Freude über Simpels Heimkehr | Zahras Heft | Verrat |

 

## Stationen auf Simpels Weg

| | | | |
|---|---|---|---|
| Wieder in Malicroix | Wieder in Malicroix | Flucht | Flucht |
| Flucht | Wohnungs-suche | Wohnungs-suche | Probleme mit dem Zusammenleben |
| Probleme mit dem Zusammenleben | Probleme mit dem Zusammenleben | Noch mehr Probleme | Noch mehr Probleme |
| Aufbruch aus Malicroix | Aufbruch aus Malicroix | Beginn des Zusammenlebens | Beginn des Zusammenlebens |
| Heimkehr | Heimkehr | Noch mehr Probleme | Wieder in Malicroix |

## Spielanleitung

1. Kopiere die beiden Memoryvorlagen A und B am besten auf verschiedenfarbiges Papier (oder Karton). Schneide beide sauber aus und lege beide Stapel so auf den Tisch, dass die beschriebene Seite nicht zu sehen ist.

2. Der erste Spieler/die erste Spielerin deckt zwei Kärtchen (je eines von einem Stapel) auf.

   a) Er/sie entscheidet, ob die Kärtchen zusammenpassen. Ist die Entscheidung falsch, kommt der Partner/die Partnerin an die Reihe.

   b) Passen die Kärtchen nicht zusammen, so ist der Partner/die Partnerin an der Reihe.

   c) Passen diese Kärtchen zusammen, so muss Spieler/die Spielerin erklären, was mit dem Stichwort gemeint ist.

   Achtung: Es muss in vollständigen Sätzen gesprochen werden.

   Erst wenn beide Aufgaben richtig erledigt sind, darf der Spieler/die Spielerin die Kärtchen behalten und weiter aufdecken.
   Wird diese Aufgabe nicht vollständig erledigt, ist der Partner/die Partnerin an der Reihe.

   d) Sieger/Siegerin ist derjenige/diejenige, der/die am Ende die meisten Kärtchen hat.

**Ein Beispiel:**

| Aus dem Stapel **A** | Aus dem Stapel **B** | |
|---|---|---|
| **Monsieur Hasehase ohne Augen** | **Wieder in Malicroix** | ✓ |

## Elfchen

Das Elfchen ist ein kurzer Text, der aus elf Wörtern besteht. Diese elf Wörter verteilen sich folgendermaßen auf fünf Zeilen:

1. Zeile: ein Wort
2. Zeile: zwei Wörter
3. Zeile: drei Wörter
4. Zeile: vier Wörter
5. Zeile: ein abschließendes, zusammenfassendes Wort

*Beispiel zum Thema „Sommer":*

Sonne
Wohltuend warm
Am Strand liegen
Den Sommer voll genießen
Wunderbar

## Akrostichon

Um ein Akrostichon herzustellen, muss man die Anfangsbuchstaben eines Wortes untereinander schreiben und anschließend jeden Anfangsbuchstaben zu einem Wort, einer Wortgruppe oder einem Satz vervollständigen. Diese Wörter, Wortgruppen und Sätze müssen zu der jeweiligen Thematik, d.h. dem vorgegebenen Wort, das die Anfangsbuchstaben liefert, passen.

*Beispiel zum Thema „Sommer":*

Sonne wärmt
Orte im Licht
Meere erfrischen
Menschen entspannen
Erholen sich
Ruhen

## Innerer Monolog

Einer Figur gehen viele, eventuell auch widersprüchliche Gedanken durch den Kopf. Sie entwickeln sich ungeordnet und ungegliedert.

Das sprunghafte Hin- und Herüberlegen ist ein typisches Merkmal des inneren Monologs.

Diese Gedanken werden so formuliert, wie sie der Person gerade einfallen und stehen in der Ich-Form.

Sie können auch Fragen an sich selbst enthalten.

Dennoch muss ein „roter Faden" der Gedanken für deinen Leser ersichtlich sein.
Notiere dir daher vorab die wichtigsten Gedanken und Gefühle, die im Mittelpunkt deines inneren Monologs stehen.

Der Satzbau ist einfach. Er kann auch unvollständig sein.

Der Nachdenkende versucht am Ende seines inneren Monologs zu einer Entscheidung oder einer Lösung zu kommen. Diese rechtfertigt er dann vor sich selbst.

Füge in die Lücken deine Kommentare zu der Textstelle (S. 9–10) ein.

„Colbert beobachtete seinen Bruder von der Seite. Simpel imitierte halblaut das Geräusch der Metrotüren: »Piiiiii...klapp.«
An der Station stieg ein Mann ein und setzte sich neben Colbert. Er hielt einen Schäferhund an der Leine.
Simpel rutschte auf dem Sitz hin und her.
»Der hat ein' Hund«, sagte er.
Der Hundebesitzer musterte den Menschen, der gerade gesprochen hatte: ein junger Mann mit hellen, weit aufgerissenen Augen."

________________________________________

________________________________________

„»Der Herr hat ein' Hund«, wiederholte Simpel immer aufgeregter.
»Ja, ja«, antwortete Colbert und versuchte, ihn mit einem Stirnrunzeln zur Ordnung zu rufen.
»Darf ich den streicheln?«, fragte Simpel und streckte die Hand nach dem Hund aus.
»Nein!«, knurrte Colbert.
Der Mann sah nacheinander die beiden Brüder an, als versuche er die Situation einzuschätzen."

________________________________________

________________________________________

„»Also ich hab' ein Hase«, sagte der junge Mann mit den hellen Augen zu ihm.
»Red doch nicht mit Leuten, die du nicht kennst«, schimpfte Colbert.
Dann gab er sich einen Ruck und wandte sich an den Mann mit dem Hund: »Entschuldigen Sie, er ist geistig behindert.«
»Ein I-di-ot«, korrigierte ihn der andere und betonte dabei jede einzelne Silbe.
Der Mann stand auf und zog wortlos an der Hundeleine. An der nächsten Station stieg er aus."

________________________________________

________________________________________

# Interview-Formular

**Name des Interviewers:**

---

**Name des Interviewten:**

---

**Anlass des Interviews:**

---

*Tipp:*
*Grenze die Fragen und Antworten jeweils durch Querstriche voneinander ab. Falls du mehr Platz benötigst, kopiere diese Vorlage.*

| Fragen | Antworten |
|---|---|
| | |

**Hinweise zu den Fragen:**

1. Ja-/Nein-Fragen: Da die Antwort auf „Ja“ oder „Nein“ beschränkt ist, sind diese Fragen nicht sehr ergiebig.
2. Text-Fragen: Auf diese Fragen muss mit einem zusammenhängenden Text geantwortet werden (z. B. eine Frage nach dem Ablauf eines Geschehens).
3. Auswahl-Fragen: Hier handelt es sich um Fragen, in denen nach wesentlichen Gesichtspunkten oder Beurteilungen gefragt wird.

Neben Fragen kann ein Interview auch Aufforderungen enthalten, z. B. Erklärungen oder Schilderungen zu formulieren.

## Farben – Stimmungen

a) Male die folgenden Kästchen mit den Farben aus, die deiner Meinung nach zu den angegebenen Situationen passen.

| | |
|---|---|
| **Simpel sieht Aria im Bad.** | **Aria küsst Simpel.** |
| **Simpel darf nicht zum Fest.** | **Monsieur Mutchbinguen verursacht Chaos.** |
| **Enzo und Simpel** | **Simpel geht in alle Zimmer.** |

## Musik – Stimmungen

b) Suche für jede der angegebenen Situationen einen passenden Song aus und schreibe Titel und Interpret in die entsprechenden Kästchen.

| | |
|---|---|
| **Simpel sieht Aria im Bad.**<br>__________<br>__________ | **Aria küsst Simpel.**<br>__________<br>__________ |
| **Simpel darf nicht zum Fest.**<br>__________<br>__________ | **Monsieur Mutchbinguen verursacht Chaos.**<br>__________<br>__________ |
| **Enzo und Simpel**<br>__________<br>__________ | **Simpel geht in alle Zimmer.**<br>__________<br>__________ |